por Elena Castro

ilustrado por Cecily Lang

Scott Foresman

Editorial Offices: Glenview, Illinois • New York, New York
Sales Offices: Reading, Massachusetts • Duluth, Georgia
Glenview, Illinois • Carrollton, Texas • Menlo Park, California

Vamos a hacer una sopa.
Buscamos en la nevera.

Necesitamos algunas cosas.

Vamos al mercado.

Los nabos son para la sopa.

Los pongo en la bolsa.

El maíz es para la sopa.

Pongo el maíz en la bolsa.

Las papas son para la sopa.

Pongo las papas en la bolsa.

El arroz es para la sopa.

Pongo el arroz en la bolsa.

El pollo es para la sopa.

Lleno la bolsa con el pollo.

Yo lleno la olla.
Yo ayudo a papá con
la sopa.

¡Qué bien huele la sopa!

¡Y está buena también!